LUMES

Ana Luísa Amaral

LUMES

ILUMI//URAS

Copyright © 2021
Ana Luísa Amaral

Copyright © 2021 desta edição
Editora Iluminuras Ltda.

Capa
Eder Cardoso / Iluminuras
sobre *Lumes,* de Samuel Leon, 2021, massa e tinta acrílica sobre tela [30x100cm]

Revisão
Monika Vibeskaia

CIP-BRASIL. CATALOGAÇÃO NA PUBLICAÇÃO
SINDICATO NACIONAL DOS EDITORES DE LIVROS, RJ
A512L

    Amaral, Ana Luísa, 1956-
       Lumes / Ana Luísa Amaral. - 1. ed. - São Paulo : Iluminuras, 2021.
       23 cm.

       ISBN 978-65-5519-105-9

       1. Poesia portuguesa. I. Título.

21-72955   CDD: P869.1
                                CDU: 82-1(469)

Camila Donis Hartmann - Bibliotecária - CRB-7/6472

2021
EDITORA ILUMINURAS LTDA.
Rua Inácio Pereira da Rocha, 389
05432-011 - São Paulo - SP - Brasil
Tel. / Fax: 55 11 3031-6161
iluminuras@iluminuras.com.br
www.iluminuras.com.br

ÍNDICE

COISAS, 9

What's in a name, 11
Paisagem com dois cavalos, 12
Coisas, 14
Matar é fácil, 15
Abandonos, 16
Aprendizagens, 18
Pequena ode, em anotação quase biográfica, 19
A castanha, 21
Romance (ouvido num jardim, por entre densa folhagem), 22
Apontamento em voo, 23
Apontamento vegetal, 24
Definições, 25
Nú: estudo em comoção, 27
As porosas membranas do amor, 28
Uma botânica da paz: visitação, 29
Visitações, ou poema que se diz manso, 30

LUGARES COMUNS, 31

Testamento, 33
Lugares comuns, 34
Das sagas e das lendas: pequeníssima fábula do contemporâneo, 36
Em Creta, com o dinossauro, 39
Pequeníssima revisitação a desejar-se, 43
A tragédia dos fados (ou dos fatos), 44
Título por haver, 45
Pequeno épico (em cinco andamentos), 46
Moiras, ou musas: confusa invocação fal(h)ada, 48
Dito de outra maneira, 50
De Lisboa: uma canção inacabada, com revisitação e Tejo ao fundo, 52
Carta a Lídia sobre a poesia que se achou perdida, 54
Comuns formas ovais e de alforria: ou outra (quase) carta a minha filha, 56
Acidentes de guerra, 58

O drama em gente: a outra fala, 59
O excesso mais perfeito, 60

POVOAMENTOS, 63

Povoamentos, 65
O astrágalo: impressões, 66
Hecatombes, 68
Ondas gravitacionais: teorias, 69
Ondas gravitacionais: registros, 70
Abalos culturais e comoções, 71
A chaminé acesa, 73
Cisões e incêndios, 74
De alguma casa branca: ou outra história, 75
Perguntas, 77
Manchetes, 78
O filho pródigo, 79
O outro filho (irmão do pródigo), 80
O que não há num nome, 81
Diferenças (ou os pequenos brilhos), 82
Das impossíveis semelhanças, 83

OU, POR OUTRAS PALAVRAS (8 POEMAS), 85

Bifronte condição, 87
A mulher de Lot, 88
O massacre dos inocentes, 90
A terra dos eleitos, ou parábola na montanha, 91
Mediterrâneo, 92
Aleppo, Calais, Lesbos, ou, por outras palavras,, 93
Prece no Mediterrâneo, 95
Das mais puras memórias: ou de lumes, 96

POSFÁCIO

CARTOGRAFIA DE SENSAÇÕES, 99
Fernando Paixão

SOBRE A AUTORA, 105

LUMES

COISAS

WHAT'S IN A NAME

pergunto: o que há num nome?

De que espessura é feito se atendido,
que guerras o amparam,
paralelas?

Linhagens, chãos servis,
raças domadas por algumas sílabas,
alicerces da história nas leis que se forjaram
a fogo e labareda?

Extirpado o nome, ficará o amor,
ficarás tu e eu — mesmo na morte,
mesmo que em mito só

E mesmo o mito (escuta!),
a nossa história breve
que alguns lerão como matéria inerte,
ficará para o sempre do humano

E outros
o hão de sempre recolher,
quando o seu século dele carecer

E, meu amor, força maior de mim,
seremos para eles como a rosa —

Não, como o seu perfume:

ingovernado   livre

PAISAGEM COM DOIS CAVALOS

Estão lado a lado,
naquela praça em frente da igreja,
nesse calor de quando o mundo oscila
na linha de horizonte,
e o rio quase defronte:
uma miragem

Estão lado a lado,
sujos de pó, as cabeças tombadas para a frente,
unidos pelo jugo desigual, a carroça apoiada no muro
mas pronta a ser unida aos corpos deles

Estarão feitos assim: velhos amigos,
os corpos encostados mesmo neste calor,
pela aliança muda?

Arreios, cabeçadas, todos os instrumentos
do que parece ser mansa tortura
mais o freio, ou bridão,
parecido com aquele colocado na boca das mulheres
que desobedeciam,

e era isso há muito tempo,
pelo menos quatro séculos,
ou semelhante ao que se usava
nos escravos, cobrindo-lhes a boca
para que não se envenenassem,
porque se recusavam a viver
escravos
e era isso quase agora, no século passado

Mas eles não criam caos nem desacato,
não se revoltam nem tentam o veneno
se o freio agudo lhes fere, pungente,
gengiva, língua, osso

Só se encostam quietos, um ao outro,
cabeças derrubadas para a frente,
à espera do chicote
que chegará depois com a carroça, pronta
para a entrega das coisas
humanas, o comércio

E é esta a mais perfeita
das colonizações

COISAS

Dar nome a estas coisas
que só são coisas porque a pupila
assim as reconhece
e as transmite a neurônios repetidos
que as aprendem de cor:
é sempre, e mesmo assim,
um reduzido ofício

O mesmo com um rosto,
a sua tessitura em tom pungente ou suave,
a polpa estremecente e estremecendo
a rede de neurônios

E tanto o coração

O que sobra depois,
resolvidas que estão as dimensões achadas,
é este não saber coisa nenhuma,
sentir que pouco valem
estas sílabas

Que mesmo assim se encostam
aos declives e entalhes mornos,
vivos de células e pequenos veios
onde advérbios se perdem
e vacilam

Ou à cor desses olhos,
que a pouco e pouco vou sabendo minha,
e não sei conjugar. Só declinar,
ao inclinar-me nela

Por isso, e mesmo assim, de nomes falo:
porque não sou capaz
de melhor forma:

MATAR É FÁCIL

Assassinei (tão fácil) com a unha
um pequeno mosquito
que aterrou sem licença e sem brevê
na folha de papel

Era em tom invisível,
asa sem consistência de visão
e fez, morto na folha, um rasto
em quase nada

Mas era um rasto
em resto de magia, pretexto
de poema, e ardendo a sua linfa
por um tempo menor
que o meu tempo de vida,
não deixava de ser
um tempo vivo

Abatido sem lança, nem punhal,
nem substância mortal
(um digno cianeto ou estricnina),
morreu, vítima de unha,
e regressou ao pó:
uma curta farinha triturada

Mas há de sustentar,
tal como os seus parentes,
qualquer coisa concreta,
será, daqui a menos de anos cem,
de uma substância igual

à que alimenta tíbia de poeta,
o rosto que se amou,
a pasta do papel onde aqui estou,
o mais mínimo ponto imperturbável
de cauda de cometa

ABANDONOS

Deixei um livro
num banco de jardim:
um despropósito

Mas não foi por acaso
que lá deixei o livro, embora o sol estivesse quase
a pôr-se, e o mar que não se via do jardim
brilhasse mais

Porque a terra, de fato, era terra interior,
e não havia mar, mas só planície,
e à minha frente: um tempo de sorriso
a desenhar-se em lume,
e o mar que não se via (como dizia atrás)
era um caso tão sério, e ao mesmo tempo
de uma tal leveza, que o livro:
só ideia

Essa sim, por acaso, surgida num comboio
e nem sequer foi minha, mas de alguém
que muito gentilmente ma cedeu,
e criticando os tempos, mais tornados
que ventos, pouco livres

E ela surgiu, gratuita,
pura ideia,
dizendo que estes tempos exigiam assim:
um livro abandonado
num banco de jardim

E assim se fez,
entre o comboio cruzando este papel
impróprio para livro,
e o tempo do sorriso

(que aqui, nem de propósito,
existe mesmo, juro, e o lume de que falo mais acima,
o mar que não se vê, nem com mais nada rima,
e o banco de jardim,
onde desejo ter deixado o livro,
mas só se avista no poema, e livre,
horizontal
daqui)

APRENDIZAGENS

Era cromada e preta a bicicleta,
trazia um laço largo no volante circulando
o Natal e rodas generosas
como parecia o mundo

Eu, na manhã seguinte,
sem saber sustentar a rota nivelada,
o meu pai a meu lado, segurando o assento,
a sua mão: aceso fio de prumo,
em acesa confiança

Depois, era-lhe a voz entrecortada
pelo puro cansaço de correr,
tentando harmonizar a bicicleta

Hoje, muitos anos depois de gestos paralelos,
a minha filha sobre outras estradas,
a minha mão corrigindo o desvio de mais modernas rodas,
entendo finalmente que era emoção o que se ouvia
na voz interrompida do meu pai:

o medo que eu caísse,
mesmo sabendo que eram curtas as quedas,
mas sobretudo a ternura de me ver ali,
a entrar no mundo dos crescidos,
em equilíbrio débil,
rente à saída circular da infância

PEQUENA ODE, EM ANOTAÇÃO
QUASE BIOGRÁFICA

Bom dia, cão e gata,
por essa saudação e de manhã,
o corpo de veludo, a língua suave,
em simultânea tradução:
bom dia

Bom dia, sol, que entraste aqui,
me ofereces este espelho
onde me vejo agora, e tão de frente,
tornaste um pouco clara a folha de papel
e nela: em faixa transparente,
o tempo

Bom dia, coisas todas que brilham na varanda,
folha de japoneira, o nome cintilante,
o som daquele pássaro,
como se o mundo, de repente,
se fizesse mais mundo, e de maneira tal
que nunca mais se visse
escurecente o dia

Bom dia, gente pequenina
que não consigo olhar desta cadeira,
mas que está: formigas e aranhas,
minúsculos insetos
que hão de morrer, mas aqui nascerão,
todos os dias

Bom dia, minha filha, igual a girassol,
quantas mais vezes te direi bom dia,
olhando o corredor,
tu, já não de baloiço, mas de amor
e pura filigrana,
eu, quase entardecendo

Bom dia, meu sofá,
onde me sento à noite, e devagar,
as flores que ora não são, ora às vezes
povoam esta mesa, a porta em vidro,
iluminada, em mais pura esquadria,
livros e quadros, curtas
fotografias em breve
desalinho

Bom dia, a ti também,
pelo perfume em fio que me trouxeste,
como se encera um chão rugoso de madeira,
os veios de uma planta desejosa de folhas,
ou mesmo as falhas na paz que me ofereceste,
e que desejo tua

Mesmo no tom cruel
que é acordar todos os dias
para um mundo sem sol em tantas mãos,
mesmo nesse desmando e tão violento curso
que é o mundo,
ainda assim, esta pequena anotação
de abrir os olhos e dizer bom dia,
e respirar de fresco o ar de tudo
em tudo —

A CASTANHA

Rasguei,
como se fosse um pensamento,
uma castanha brava apanhada do chão,
a sua casca acesa e perturbante

A castanha era brava, no sentido
mais breve da palavra,
aguerrida castanha muito jovem,
que lutou contra a força dos meus dedos

Ergui depois, vencido,
o corpo da castanha
usando como berço as minhas mãos

Despido, incandescente,
polimento de cera, cor realmente
nomeando a coisa

Em desvio,
como acontece em tanta natureza,
a zona branca destoando o resto:

uma face de Deus? uma fronteira?
um sobressalto em face do igual?

Hesitante, pousei-a junto às folhas nuas
e ficamos as duas,
como um pensamento,
na nossa dividida
solidão

ROMANCE (OUVIDO NUM JARDIM, POR ENTRE DENSA FOLHAGEM)

Adoro as tuas pernas, meu amor,
as pernas mais bonitas que de entre folhas vi!
Se as pudesse afagar aqui, e aqui...
Oh, o prazer de as ter e de as saber de cor!

Na sua cor de céu esvaziado de estrelas
como hão de os pelos delas ser macios!
Destas pernas virão supremos fios
de teias como tule, lisas e belas.

Ah minha doce aranha, meu tesouro viscoso,
a minha dor é não poder tocar-te
no perigo de depois me achares delicioso,
a mim, que desfaleço em êxtase e na arte

de querer tecer-te linhas muito ternas,
cheias de seda e fina sedução
e insistindo contigo a minha sorte:

poder ter-te encostada no meu peito,
dizer-te *tantas pernas para tão curto feito*!

Por uma perna tua eu suportava a morte —
toma os meus palpos, patas, linfa, coração.

APONTAMENTO EM VOO

Não conseguiu o tempo
do poema
coincidir-lhes voo,
um vento atrás:

ao das jovens cegonhas
pelo céu,
lisas e puras

Só tentar-lhes compasso
em arremedo

E o passo arrastado
do poema
ficou-se nesse atraso:

o motor raso,
os dedos sob a asa —
do avesso

rasgando, sem rasgar,
o dúctil ar
da folha —

APONTAMENTO VEGETAL

O corpo das agulhas
de pinheiro:
diapasão impuro organizado
a verde,
um brevíssimo tempo de castanho

Ou espada de dois gumes
podia ser também:
como o amor

Ou língua bifurcada
junto ao sol,
dragão que, renascendo,
libertasse os seus braços de voar
e se erguesse em serpente,
resguardando, solene,
a arte em fogo

Um lento incêndio
lento,
capaz de devolver ao vento
a perfeição:

nunca diapasão seria tão perfeito
nem desta nitidez
dilacerante

DEFINIÇÕES

Na loja, e a propósito de um casaco azul

Há assim e em branco
— o casaco, queria ela dizer

Mas podia estar a falar de um muro em musgo ausente,
ou da lua, que só fica vermelha em noites muito quentes
e é geralmente branca,
ou da tristeza, que nem sempre é escura,
como nos fazem crer,
e se assemelha por vezes ao desespero,
esse a que, há mais de um século,
uma poeta chamou sustento branco

Não foi decerto acidental esse dizer da poeta:
ela sabia ser o branco a confluência das cores todas
e, metaforicamente, a cor da luz:
porque reflete em perfeição
os raios luminosos

Essa imagem eleita encerra em ironia
a própria coisa nomeada,
por isso a poeta podia até ter dito: há em branco e assim,
o sustento de que ele é feito, o desespero

Como a lua ou o muro, nas suas serventias
tão diferentes: violência, dor,
mas também o mistério de um gato caminhante,

podem ser formas várias de falar do desespero,
que não tem musgo a resguardar-lhe arestas e crateras,
nem luar a sustê-lo,
nem um gentil pousar

E pode haver em branco,
o mais de dentro, ou o de imaginar
o não imaginável:

esse não é tingido a branco:
há assim, puro e longo, sem amparo nenhum,
não se sabe até quando
a haver —

NÚ: ESTUDO EM COMOÇÃO

Em que meditas tu
quando olhas para mim dessa maneira,
deitada no sofá
diagonal ao espaço onde me sento,
fingindo eu não te olhar?

Em que pensa o teu corpo
elástico, alongado,
pronto a vir ter comigo
se eu pedir?

As orelhas contidas em recanto,
as patas recuadas,
o que atravessa agora o branco dos teus olhos:
lua em quarto-crescente,
um prado claro?

E quando dormes, como noutras horas,
que sonhos te viajam:
a mãe, a caça, a mão macia, o salto
muito perfeito
e alto, muito esguio?

Onde: a noite sem frio
que nos abrigará
um dia

e que há de ser
(só pode ser)

igual?

AS POROSAS MEMBRANAS DO AMOR

Mesmo pequena,
consegue a minha mão
rodear-lhe o pescoço
incólume e inteiro

Um círculo de paz (parece)
pelos seus sons macios:
marulho suave que me acetina a pele,
produz, em interespécie:
diálogo movido a doce pelo
e pressão digital

Mas cerco até à morte, tenaz cruel
também podia ser,
se eu lhe traísse a fé,
a sua confiança
comovente

O que a fará reter-se
neste quente laço
capaz de ser mortal,
mas que ela vê, e eu, como um abraço:
doce língua de fogo,
halo
(quase) total?

UMA BOTÂNICA DA PAZ: VISITAÇÃO

Tenho uma flor
de que não sei o nome

Na varanda,
em perfume comum
de outros aromas:
hibisco, uma roseira,
um pé de lúcia-lima

Mas esses são prodígios
para outra manhã:
é que esta flor
gerou folhas de verde
assombramento,
minúsculas e leves

Não a ameaçam bombas
nem românticos ventos,
nem mísseis, ou tornados,
nem ela sabe, embora esteja perto,
do sal em desavesso
que o mar traz

E o céu azul de Outono
a fingir Verão
é, para ela, bênção,
como a pequena água
que lhe dou

Deve ser isto
uma espécie da paz:

um segredo botânico
da luz

VISITAÇÕES, OU POEMA
QUE SE DIZ MANSO

De mansinho ela entrou, a minha filha.

A madrugada entrava como ela, mas não
tão de mansinho. Os pés descalços,
de ruído menor que o do meu lápis
e um riso bem maior que o dos meus versos.

Sentou-se no meu colo, de mansinho.

O poema invadia como ela, mas não
tão mansamente, não com esta exigência
tão mansinha. Como um ladrão furtivo,
a minha filha roubou-me inspiração,
versos quase chegados, quase meus.

E mansamente aqui adormeceu,
feliz pelo seu crime.

LUGARES COMUNS

TESTAMENTO

Vou partir de avião
e o medo das alturas misturado comigo
faz-me tomar calmantes
e ter sonhos confusos

Se eu morrer
quero que a minha filha não se esqueça de mim
que alguém lhe cante mesmo com voz desafinada
e que lhe ofereçam fantasia
mais que um horário certo
ou uma cama bem feita

Deem-lhe amor e ver
dentro das coisas
sonhar com sóis azuis e céus brilhantes
em vez de lhe ensinarem contas de somar
e a descascar batatas

Preparem a minha filha
para a vida
se eu morrer de avião
e ficar despegada do meu corpo
e for átomo livre lá no céu

Que se lembre de mim
a minha filha
e mais tarde que diga à sua filha
que eu voei lá no céu
e fui contentamento deslumbrado
ao ver na sua casa as contas de somar erradas
e as batatas no saco esquecidas
e íntegras

LUGARES COMUNS

Entrei em Londres
num café manhoso (não é só entre nós
que há cafés manhosos, os ingleses também
e eles até tiveram mais coisas, agora
é só a Escócia e um pouco da Irlanda e aquelas
ilhotazinhas, mas adiante)

Entrei em Londres
num café manhoso, pior ainda que um nosso bar
de praia (isto é só para quem não sabe
fazer uma pequena ideia do que eles por lá têm), era
mesmo muito manhoso,
não é que fosse mal intencionado, era manhoso
na nossa gíria, muito cheio de tapumes e de cozinha
suja. Muito rasca.

Claro que os meus preconceitos todos
de mulher me vieram ao de cima, porque o café
só tinha homens a comer bacon e ovos e tomate
(se fosse em Portugal era sandes de queijo),
mas pensei: Estou em Londres, estou
sozinha, quero lá saber dos homens, os ingleses
até nem se metem como os nossos,
e por aí fora...

E lá entrei no café manhoso, de árvore
de plástico ao canto.
Foi só depois de entrar que vi uma mulher
sentada a ler uma coisa qualquer. E senti-me
mais forte, não sei porquê mas senti-me mais forte.
Era uma tribo de vinte e três homens e ela sozinha e
depois eu

Lá pedi o café, que não era nada mau
para café manhoso como aquele e o homem
que me serviu disse: There you are, love.
Apeteceu-me responder: I'm not your bloody love ou
Go to hell ou qualquer coisa assim, mas depois
pensei: Já lhes está tão entranhado
nas culturas e a intenção não era má e também
vou-me embora daqui a pouco, tenho avião
quero lá saber

E paguei o café, que não era nada mau,
e fiquei um bocado assim a olhar à minha volta
a ver a tribo toda a comer ovos e presunto
e depois vi as horas e pensei que o táxi
estava a chegar e eu tinha que sair.
E quando me ia levantar, a mulher sorriu
como quem diz: That's it

e olhou assim à sua volta para o presunto
e os ovos e os homens todos a comer
e eu senti-me mais forte, não sei porquê,
mas senti-me mais forte

e pensei que afinal não interessa Londres ou nós,
que em toda a parte
as mesmas coisas são

DAS SAGAS E DAS LENDAS:
PEQUENÍSSIMA FÁBULA DO CONTEMPORÂNEO

para Ben

O seu nome era Octavius,
que quer dizer oitavo em descendência,
um nome que serviu muito depois a homem de mil rostos
falar do mais volátil: os humanos ofícios nas marés
que, quando aproveitadas, conduzem
à fortuna

Casou com Agripina, herdou tribuna,
tiveram filhos, terras
que lhe herdaram o nome —
o nome dele, que o nome dela de pouca serventia:
nem rito de passagem

E a linhagem (parecia)
foi clara e sossegada

Astrid veio uns séculos depois, em embarcação esguia
coberta de plumagens e dragões,
desembarcou com Igor e guerreiros,
ali chegados não só para pilhagem
de terras e mulheres, mas para as bem lavrar
(às mulheres e às terras)

E límpida (parecia)
lhes foi progenitura

Mas por certo algum curto vórtice de luz,
ou deus de natureza, ou deus qualquer,
não fez perfeita a história acontecida,
e ao baralhar os naipes de outra forma
criou pares novos numa arca nova:

a descendência muito ameaçada,
filhos meio alourados, outros sem cor distinta,
nalguns casos sombria, ou alva como a neve
em baixa temperatura

O filho de Igor: baixo,
íris escura

Igor bramando a Thor e a Odin,
ah, os trovões clamados, Astrid sussurrando-lhe
ao ouvido, dizendo-lhe nem sei, não compreendo
como aconteceu, mas ele era tão hábil e gentil,
tinha uns olhos rasgados, falava-me de estrelas,
e o seu perfil, um pouco estonteante,
e tu estavas na guerra —

E um dos filhos de Octavius, seu herdeiro por lei,
com olhos muito azuis

ah os murros fincados sobre a pedra do lar,
Agripina dizendo-lhe nem sei, perdoa, meu amor,
não compreendo como se passou,
mas ele tinha tranças e eram louras,
e chegou devagar, não fez estrondo de trovão nenhum
(como disseste que eles sempre fazem)
e trazia uma pedra cintilante, dizia ser o deus
que o protegia e que o acompanhava,
e tu estavas na guerra —

E assim por aí fora,
assim deve ter sido, assim foi,
de certeza mais segura

Célticos imigrantes, índios, africanos, alguns árabes
fugidos sorrateiros do fim do continente,
mas que a lenda parece ter esquecido dos efeitos futuros,
e quanto a isso tentou ser
obscura

E godos, visigodos, pictos, germanos, hunos,
alguns casando por amor e terras, outros por terras
e talvez amor, outros porque ordenados
pela ordem das terras e dos usos,
mas na verdade amando o vizinho do lado
em vez da doce esposa, alguma esposa
ansiando das ameias a aia cumpridora e desejante —

mas todos dando filhos, pretexto para saga,
mais tarde literatura

E sempre eles em guerra —

Ah como sabe bem,
como é reconfortante
pensar que nesta circular e comum terra
há os limpos e puros!

EM CRETA, COM O DINOSSAURO

Nunca lá estive,
mas gostava.

Também de me sentar a mesa de café
descontraída (mesa e eu)
e ter à minha frente
o dinossauro.

Pata traçada sobre a rocha,
aquela onde Teseu
não descobrira entrada de caverna.

Conversaríamos os dois, eu
na cadeira, ele
altamente herbívoro e escamoso,
olho macio e muito social.

Depois, o fio!

Que Ariadne traria, pouco solene
e debaixo do braço.
Um fio de seda ou prumo ou aço.
E o dinossauro,
de pouco habituado (ainda assim)
a um tempo tão nosso,
perguntaria para que era aquilo.

"Para guiar Teseu", era
a resposta de Ariadne. E depois,
piscando o olho, ainda mais macio
que o do monstro escamado,
"Ou para o confundir"

Convirá referir neste momento
que Teseu: entretido no palácio
a estudar labirintos com o rei,
ignorante de tudo.

Na rocha, cheia de algas macias
de veludo,
abriria o dinossauro em gesto largo
as patas dianteiras, aprovando
a ideia.

Estávamos bem, os três,
beberricando calmos o café
servido por meteco — bem cheiroso.
Enquanto no palácio, o labirinto inchava
e Teseu, ansioso por agradar ao Rei,
queimava, de frenético, nobres pestanas
gregas.

No ar minoico, rescendia
o perfume a laranjas,
e, entre vários cafés e goles de retsina,
o dinossauro mastigava calmo
quatro quilos (à vez) de
ameixas secas e doces
tangerinas,

narrando a nobre paz
que se seguira ao caos:
não sabia se estrelas em cósmica viagem
de chuva de brilhantes,
se glaciar medonho
reconcertando o ritmo da Terra,
se só o seu tamanho — imenso
e desumano —
a dar lugar ao mito.

40

Em labirinto
de muitos milhões de anos,
tinha chegado ali. Sem saber como.
"E como o fio que eu trago
aqui, para Teseu", Ariadne
diria, "O de aço, seda, ou prumo,
que conduz ou confunde, conforme
ocasião."

— *A traição!*

Derivaria Ariadne, então,
falando de Teseu: da traição que,
julgava ela,
o levaria a abandoná-la em Naxos
e do compasso incerto do que fora
anterior à traição.

Poseidon pelas águas reluzia,
o destino de Minos e de Cnossos
ainda por marcar;
só o monstro sabia como deuses e homens:
comuns a odiar.

Sabia, mas calava. Que silêncio:
a virtude maior
de sáurio que se preza.
E a conversa seria tão calma, tão amena,
que esquecia Ariadne derivações
de mito,
juntando-se à retsina.

"Um brinde", proporia o dinossauro,
em gesto social.
"Um brinde", repetiríamos nós (princesa
e eu).

E o fio de renda fina voaria
qual pássaro pré-histórico,
até ao mar Egeu.

Pata a tapar a boca de franjas
inocentes,
palitaria então o Dinossauro os dentes...

(E do palácio já saiu Teseu.
Mapa e espada na mão.
Mas sem o fio.)

PEQUENÍSSIMA REVISITAÇÃO A DESEJAR-SE

Enquanto o peixe grelha, descuidado:
o aroma dourado do incenso a romper
pela cozinha

Vem da mesa na sala, onde,
igual a vulcão, um cone colorido
sustenta a haste fina do incenso

E eu fazendo de mago,
de Menina, de Mãe e de pastor,
tudo em mesma figura
no fervor da cozinha

Em fogo lento, cumpre-se a Palavra
e uma batata só
(falta-me a mirra e o ouro)

Mas vede como, esquivo,
o peixe se queimou,
e o verso em combustão
ficou desfeito!

Ah saber acender um cenário perfeito:
além de incenso, a outra especiaria,
algum tesouro, a erupção dourada,

o preclaro milagre
de um novo peixe,
aqui

E não este puré
sem cântico nem luzes nem noites estreladas:
matéria em que a batata, esquecida,
se tornou

A TRAGÉDIA DOS FADOS (OU DOS FATOS)

Ah! destino frio de te falar
numa língua estranha, outra
que não a minha

Até as músicas que me dizem de ti
não podem ser na minha língua, que não faz sentido,
não me comovo se ouço chorar de amor na minha
língua, por saber que tu não podes
comover-te

E só por o saber não me comovo

Ah! destino frio de te lembrar
numa língua diferente, outra que não a minha,
revoltar-me por não ser enorme patriota
amar só momentos e pessoas iguais,

contribuir para o espaço
da minha língua, gastando livros, músicas, versos:
comovidos, um nacional produto (e eu?)
a comover-se

TÍTULO POR HAVER

No meu poema ficaste
de pernas para
o ar
(mas também eu
já estive tantas vezes)

Por entre versos vejo-te as mãos
no chão
do meu poema
e os pés tocando o título
(a haver quando eu
quiser)

Enquanto o meu desejo assim serás:
incomodo estatuto:
preciso de escrever-te
do avesso
para te amar em excesso

PEQUENO ÉPICO (EM CINCO ANDAMENTOS)

I

São sete da manhã
e o meu desejo oscila:
voltar por meia hora para a cama
ou sentar-me com o sol
cheirando a verão

II

A esta hora já aquele avião
sobe por nuvens,
mas o seu sol não cheira
ainda que mais perto

III

Entrei no quarto:
o tempo ali parado,
e o escuro morno seduz
há meia hora

IV

Fiz um pequeno almoço
em tempo antigo: compotas,
e manteiga e etc
o resto

como inserido e claro
pormenor de um paninho bordado,
um cinzeiro lavado, o sol
lavado e o verão pela janela

V

São sete da manhã
e qualquer coisa
e o meu desejo pêndulo
foi bater no sol

MOIRAS, OU MUSAS:
CONFUSA INVOCAÇÃO FAL(H)ADA

E são agora três e vinte da
madrugada e eu continuo à espera
que ela abandone a agulha enferrujada
e venha ter comigo — órfica fera.

Mas ela não me chega. Nem sequer
com avanço de sol, ou atrasada.
E eu demoro-me aqui a escurecer
às três e trinta e dois da madrugada.

Embora, contas feitas, demorei
dez minutos por estrofe, mais ou menos.
(É claro que convém, como sabeis,
não acreditar muito nos poemas).

Essa desrima foi propositada,
a ver se a desafio, se se comove,
se larga aquela agulha malfadada,
se destece o destino e me devolve

tipo de vida em ritmo indefeso
com um sono saudável e precoce,
e eu deixe de fumar (sem ganhar peso)
e deite ao lixo emoção agridoce.

E finalmente dela receber
arabesco onde o verso não tropeça.
E talvez desse sopro possa haver
um brilhante papel onde apareça,

como se fosse em passo de magia,
não marca de água, mas marca de lume:
a sua face acesa, muito esguia,
muito de musa a provocar ciúme.

Que é ciúme o que eu sinto, reconheço!
Do seu fuso afiado, e eu afinal:
só lápis rombo, curto entendimento
da minha escassa condição mortal.

Mas nem fuso, nem sopro, nem sequer
um avanço de noite requentada.
E eu permaneço aqui a amanhecer,
com dores de costas, folha extenuada.

Desisto, pois da musa (ou moira, ou fera),
e vou mesmo dormir, aproveitar
as poucas horas antes de acordar —

e a ver ali sentada. A rir-se. À espera —

DITO DE OUTRA MANEIRA

Nesta tarde em que o sol
insiste em vão imaginar-se sol,
como as letras a negro que componho agora
são cada vez mais pálidas,
a tinta da caneta   a esboroar-se

Dito de outra maneira:
nesta tarde sem sol   e letra leve,
habita-me a suspeita:
porque não me comoves como dantes?

Como esta pomba:
egípcia caminhante, e a mesa de café
quase defronte,

e de repente levantando voo,
nunca tão alto como são as nuvens,
mas tão distante já
do meu olhar

Se conseguisses como outrora
trazer-me essa emoção
possivelmente lenta, mas segura,
e eu sabendo   sentindo
que iria comover-me
ao som da tua voz

Dito de outra maneira:
se a emoção voltasse, embora antiga,
trocaria caneta
por grafite (muito provavelmente):
e o sol seria um verdadeiro sol,
eterno reticente
ao meu olhar

E eu não estaria aqui,
em imperfeita forma e modo neutro   quase,
a ver se a noite vem
e o sono me distrai
deste poema:

DE LISBOA: UMA CANÇÃO INACABADA, COM REVISITAÇÃO E TEJO AO FUNDO

Não será irreal, nem terá,
como a outra, um tamisa a banhá-la,
mas o seu rio, de estuário tão largo como
o céu, não deixa de ser belo

É, por vezes, de muito mais pungente nitidez
do que aquela que encosta a sua pele
às margens
de outros rios (o que inspirou em ninfas
o poeta inglês, ou em louras
guerreiras o músico alemão)

Por aqui, desde formoso a criador de tal
desejo ardente,
de tudo lhe chamaram.
E a cidade que, em momento ignorante de proteica
explosão, lhe herdou a água,
a lenda, as caravelas,
dele herdou outras coisas:

desejos de voar milhares de rimas,
de gentes tão diversas e de noites imensas,
de uma lua tão grande e desviada
da sua rota amena

Nem Jerusalém cega por um homem
que, no rasgar do século,
dela falou, como falou de Londres, de Viena,
de Alexandria ou outras,

ah, doce, corre agora, till I end my song
till I end my song, my song, my
song

Era o verso de Spenser que agora aqui
cabia, original,
numa cidade que nem de irreal,
mas de um azul tão grande, de fachadas
tão renda nas janelas, e de uma mágoa
tão revisitada,
que aquela dos jacintos haveria
de se reconhecer: You,
hipocrite lecteur, mon semblable, mon frère

E o resto: uma canção
inacabada —

CARTA A LÍDIA SOBRE A POESIA
QUE SE ACHOU PERDIDA

Disse-te ontem à noite
que a perdi

E não se estava à beira-rio,
nem eu te convidei a sentares-te comigo:

era num restaurante,
havia muita gente
e algum rasto finíssimo de frio

Tu disseste-me 'escuta',
querendo dizer-me 'sente'

Hoje tentei de novo ouvir
tão hesitante como deve ser
os assuntos escuros do teatro
onde moramos todos

mas onde tantos,
nem sequer por instantes,
recebem foco ínfimo de luz

E o rio tornou-se nada, Lídia,
pois ela veio: indócil, mergulhante,
tímida de criança
a puxar-me insistente pela dobra da blusa
obra mais quente do que o meu café

Em confidência, escuta:
o que te disse ontem à noite, vejo agora,
era um pouco mentira,
uma provocação a ver se ela me achava,
um exorcismo quase

Obrigada por me lembrares, amiga,
que não é sossegadamente
que a vida passa —

COMUNS FORMAS OVAIS E DE
ALFORRIA: OU OUTRA (QUASE)
CARTA A MINHA FILHA

Foi de repente,
eu semirrefletida por janela oval:
uma emoção que me lembrou o dia
em que disseste inteiro o nome do lugar onde vivíamos
sem lhe trocar as letras de lugar

No céu visto daqui,
desta janela oval e curta de avião,
mais de vinte anos foram
por sobre a linha azul daqueles montes
e esse recorte puro
dos verbos conjugados no presente errado,
mas as palavras certas

Ainda hoje,
não me é fácil falar-te em impiedade,
ou nisso a que chamamos mal,
e que existe, e emerge tantas vezes
da idiotia mais rasa e primitiva

Dizer-te unicamente destas coisas
neste poema a ti
seria como assaltar a própria casa,
queimar móveis e livros,
matar os animais que como nós a habitam,
estuprar a calma que por vezes se instala
na varanda

Deixo-te só
a desordem maior do coração
sentida há pouco dessa janela oval,
os momentos raríssimos,
como só os milagres se diz terem,
e que às vezes cintilam:

cósmicas cartas de alforria que nos podemos dar,
nós, humanos aqui:

Só isto eu desejava para ti
e nesta quase carta —

ACIDENTES DE GUERRA

Sacudo grão levíssimo
de cima do papel

Não sei se pó,
se uma pequena cinza
que assim se insinuou
neste caderno

Antes na prateleira,
preso a outros cadernos, outros livros,
esquecido do olhar
e das pequenas emoções
de dentro

É livre agora,
e o grão que projetei no ar
entre polegar e dedo médio em riste:
lança-chamas de fluidos inflamáveis

com passado a assaltar,
sem defesa possível de vencer,
nem acertado alvo
que resista

O DRAMA EM GENTE: A OUTRA FALA

O lume que as rodeia,
a estas vozes,
não foi feito de sol, embora dele
herdasse um rasto de paisagem,
nem se moldou em luz,
que a noite lhe foi sempre o estado puro

O lume que as sustenta,
a estas vozes,
é mais de dentro, e eu não o sei dizer

Pressinto-o só,
e há fases, como em lua, em que o sinto a chegar:
ondas de mim, tempo herdado em camadas
de espessuras diferentes

Mas sempre deste tempo
é o lume que as prende, a estas vozes,
e ao prendê-las as solta
sobre o tempo —

O EXCESSO MAIS PERFEITO

Queria um poema de respiração tensa
e sem pudor.
Com a elegância redonda das mulheres barrocas
e o avesso todo do arbusto esguio.
Um poema que Rubens invejasse, ao ver,
lá do fundo de três séculos,
o seu corpo magnífico deitado sobre um divã,
e reclinados os braços nus,
só com pulseiras tão (mas tão) preciosas,
e um anjinho de cima,
no seu pequeno nicho feito nuvem,
a resguardá-lo, doce.
Um tal poema queria.

Muito mais tudo que as gregas dignidades
de equilíbrio.
Um poema feito de excessos e dourados,
e todavia muito belo na sua pujança obscura
e mística.
Ah, como eu queria um poema diferente
da pureza do granito, e da pureza do branco,
e da transparência das coisas transparentes.
Um poema exultando na angústia,
um largo rododendro cor de sangue.
Uma alameda inteira de rododendros por onde o vento,
ao passar, parasse deslumbrado
e em desvelo. E ali ficasse, aprisionado ao cântico
das suas pulseiras tão (mas tão)
preciosas.

Nu, de redondas formas, um tal poema queria.
Uma contrarreforma do silêncio.

Música, música, música a preencher-lhe o corpo
e o cabelo entrançado de flores e de serpentes,
e uma fonte de espanto polifônico
a escorrer-lhe dos dedos.
Reclinado em divã forrado de veludo,
a sua nudez redonda e plena
faria grifos e sereias empalidecer.
E aos pobres templos, de linhas tão contidas e tão puras,
tremer de medo só da fulguração
do seu olhar. Dourado.

Música, música, música e a explosão da cor.
Espreitando lá do fundo de três séculos,
um Murillo calado, ao ver que simples eram os seus anjos
junto dos anjos nus deste poema,
cantando em conjunção com outros
astros louros
salmodias de amor e de perfeito excesso.

Gôngora empalidece, como os grifos,
agora que o contempla.
Esta contrarreforma do silêncio.
A sua mão erguida rumo ao céu, carregada
de nada

POVOAMENTOS

POVOAMENTOS

Podem ser povoadas, as cebolas,
a sua forma: quase forma de astro,
redonda, mas mais pura,
porque sem centro assente

Mas também de possível epicentro:
destruição das gentes que as habitam,
vozes distantes capazes de falar,
embora mudas

Como as dos rostos destas fotografias
que aqui vejo, à minha cabeceira:
vidas sobre camadas de outras vidas,
e as emoções voltando
em sedimentos vários, lágrimas
verdadeiras

Ou pode ser um espaço desolado,
o da cebola,
uma terra queimada e de cheiro tão menos
do que se mergulhada no azeite
e depois reciclada:

planeta
onde algum dia, furtiva, existiu
água

O ASTRÁGALO: IMPRESSÕES

A impressão digital de uma estrela
é mais que um fio de luz:
fala de um cálcio igual
ao que irá preservar a memória do astrágalo,
esse pequeno osso com nome de universo,
vizinho ao calcanhar

Comum ele também a espécies várias,
a nossa, ou a de pássaro ou sapo,
que em terra e água imprimem os seus passos,
um lentíssimo voo pelo espaço
a ser sonhado — nosso

Como a estrela que morre, agonizante,
e é somente uma outra dimensão da dor,
ângulo outro em perda,
ignorante ela mesma do profundo dever
de que outra estrela nasça:
responsabilidade sem contrato, acordo tácito
do fogo transportado

Tal como o sapo, o pássaro,
óvulo, ovo, ou larva, lançado ao rio
num cesto de matéria, o vime feito trança,
se pressente imortal,
quando criança

Mas a espreitá-lo o ponto frágil da fratura igual:
desabrigado astrágalo
à mercê do futuro feito flecha,
deixando no deserto, e digital, nova impressão,
grão de cálcio e de mundo, ali suspenso

Além do fio de luz que nos condena,
enquanto nos transporta além do tempo
para outras guerras, outra paz

quem sabe

HECATOMBES

Foi hoje o salvamento,
passava das dez horas da manhã,
havia este jardim, era uma árvore protegendo o sol
e o chão onde caiu

Por público da queda:
uma criança e eu:

e uma ordem qualquer neste universo
onde galáxias morrem, meteoros se lançam
no vazio, se desmoronam torres,
e a vida: igual à noite,
tantas vezes

Hoje, passava das dez horas da manhã,
uma criança entrelaçou um ninho
em cinco dedos,
e devolveu ao voo o som
de campainhas

Um pássaro foi salvo,
um filamento humano e provisório
atravessou o escuro

e talvez o relógio tenha parado
um pouco
no pulso de quem seja,
e talvez o pulsar se ofereça ao sol
e se torne farol
talvez —

ONDAS GRAVITACIONAIS: TEORIAS

E vejo-me parada,
sentada a esta mesa,
que porventura já se repetiu

É luz que se demora,
ou é o nosso olhar que a configura?
Os anos traduzidos
nesta língua nossa, os milhões de anos-luz
transformados em ondas que devoram
o espaço, o fazem abater-se
e elevar-se?

É raro o que se viu
e caro aos nossos olhos
este acerto,
mais desacerto largo
e de mistério

Uma harmonia? Deus?
Ou o amor em diverso formato:

Do tempo: outro hemisfério?

ONDAS GRAVITACIONAIS: REGISTROS

Explodiram pelo espaço em rota para lá
da imaginação. Não se sabe de Deus
neste processo de fenda de universos

E as palavras hesitam-se,
paradas.

Não se ouviu nada, nada foi visto
claramente visto, mas é o que se chama
nesta língua de nós, criada e aprendida
em formato de azul: registro.

ABALOS CULTURAIS E COMOÇÕES

Para Emerson e Mário

A ostra que comi estava estragada,
a rima em falha, tosca na escansão.
Inaugurei-me assim, nesta manhã,
o tema tropical, o registro europeu.

Quando a música entrou na praça toda,
corrompendo a batida irregular,
um abacate belo a passear-
-se a meu lado e em mão balanceada.

As palavras em cacho florescente,
esse jovem bebendo água de coco,
e o descompasso de uma chuva morna,
ameaçando a curva do meu verso.

Mudei de mesa, mas atrás de mim
manchas solares feitas de cor e ar
tombaram no caderno, e uma palmeira
desprotetora à chuva e ao furor.

Resisto mentalmente, e volto à ostra,
que devia estar falha de vigor,
mas teria talvez pequena pérola,
que eu, infeliz, não consegui supor.

Achei-lhe só o efeito nefasto,
enjoo de poema e de sintoma
durado uma semana, e colateral

....

E agora, o quê? de que posso eu falar,
se a fala inadequada se distende,
e a ostra lá ficou, abandonada
em pulsação de velho continente?

Resta somente, e regressada a casa,
poster colado na porta deste quarto,
e é Marilyn Monroe, o seu sorriso,
essa pérola-em-carne-anos-60,

quem cobre, feito concha de papel,
a linha onde me perco e me sustento,
para fechar, enternecidamente,
ostra, poema e o mundo. Certamente

deixado por esculpir. Mas povoado.

A CHAMINÉ ACESA

Queria um telhado breve
a proteger a sério

Como se ele fosse eu
dizendo por poema que há galáxias,
alguns nítidos cânticos de luz

Hoje, não tenho sol

Hoje, as pedras são pedras
e as ruas são ruas
sem máscaras nenhumas.
E mesmo as marcas nuas dos pneus
sugerem nada

Um telhado de ardósia,
moldado a barro quente, a fazer recordar livros de infância,
a sua cor tão pouco trabalhada.
Onde crescesse relva,
algumas folhas e chaminé acesa

E lá dentro: cozinha,
e gente, e riso,
e um tom de noite amena:
um saudável bem-estar
de vinho quente

Não esqueleto doente
de casa
sossegada —

CISÕES E INCÊNDIOS

Acordei muito cedo. A luz que se filtrava
por entre as persianas era uma luz macia.
Estremunhada de sono, a gata mal miava,
ou seja, metaforicamente não ardia.

E quem aqui não estava também não entendia
o estado de cisão em que eu tinha acordado
(não, não disse tensão, disse cisão, de fato,
que é esse estado lento entre mar e maresia).

Tomei café, fiz sumos, eu, a que acordou cedo,
e eu, que não acordou, observei fazer,
e fiquei-me encostada entre fascínio e medo
olhando-me de fora, desejando não ser

cindida como língua bífida de serpente.

E então olhei o sol, e o estado de fissura
não abrandou, tomou e invadiu a casa,
e o sol, antes só sol, escureceu de repente
tornou-se um antissol, como cindida asa.

E a gata ardeu, acesa, dentro da noite escura.

DE ALGUMA CASA BRANCA:
OU OUTRA HISTÓRIA

Uma casa
povoada com ondas e perfil,
por fim habitação

E que não seja casa em demasia
como antes foi,
em brilho incendiada

Podem lá estar Ulisses, os sentidos,
esses, os de viagem reunidos,
mas que as janelas sejam desiguais,
e diferentes os tetos,
versão infidelíssima
da original

Que a casa seja de uma cor diferente,
com rostos pelos vidros refletidos,
e que na mesa não haja os mesmos livros,
nem dê o candeeiro ao fundo da janela
uma luz de um idêntico fulgor

Com uma casa assim,
talvez eu faça poema em aguarela,
de um óleo de espessura de amuleto
a repousar-se, brando

E tudo a ser de um equilíbrio
tão perfeito e branco
que nada mais precise:

só a casa que não,
nem tu trazendo a casa,
nem imaginação que te fizesse aqui

Bastava Ulisses,
um bastidor rasgado,
e a história toda contada do avesso:

um ciclope bordando no terraço,
a guerra longa, jamais concluída,
e ela feliz com um guarda ou um escravo
meigo e gentil
num quarto do palácio —

iluminado a vida

PERGUNTAS

A vizinha do prédio ao lado
que perdeu o filho num acidente,
sempre que passa por mim de manhã,
cumprimenta-me, sorrindo,
dizendo-me "bom dia"

E eu tenho dias em que penso
o que faz ela para olhar o sol,
depois de acordar no seu quarto,
de abrir a janela para esta rua estreita,
e saudar-me e sorrir-me

Julgo que tem fé,
porque a vejo por vezes saindo da igreja
que fica ao lado do jardim
que nos é comum

Deve ser isso o que a mantém,
a faz vestir-se todos os dias, tomar o cesto das compras,
escolher legumes naquela mercearia:
os minúsculos gestos de que a vida é feita
quando a guerra é ausente

Mas que guerra por dentro sentirá ela,
nesse exato momento em que abre os olhos
e pensa o filho ali,
no cemitério por detrás da igreja,
ao lado do jardim,
nunca mais lhe podendo dizer
"bom dia, mãe"?

MANCHETES

Não vais chegar, só porque no poema
eu te pedia que viesses,
nem vens, eu sei, mesmo sendo domingo,
nem poderás trazer o domingo contigo

Quem chegou foi a gata,
tanto tempo aos meus pés e sobre o edredão,
mas pediu-me depois, as garras recolhidas,
que eu erguesse os lençóis,
e eu obedeci, e ela entrou

Se isto fosse um poema de Donne, era possível dizer outras coisas,
e a gata e todo o ato dos lençóis seriam metafóricos,
mas não foi isso o que aqui aconteceu
nem eu estou hoje a pensar em tempos metafísicos,
mas nos tempos que nos cercam
e um pouco em ti

Por isso, não tive outro remédio
senão reajustar-me ao sem remédio:
a barbárie liberta, o domingo que nada tem de feriado
mas é um dia igual aos outros,
a gata que adormeceu, absorta, por dentro dos lençóis
e não me oferece qualquer atenção,
nem sequer aos meus pés
se resguardou

O FILHO PRÓDIGO

Partiu
quando chegou o tempo do fascínio:
era-lhe estreito o mundo onde vivia
e largo o outro mundo,
povoado de sonhos
por fazer

Conta-se que viveu de sombras,
de bolotas
e que por fim vencido
voltou ao espaço
velho

O vitelo mais gordo,
disse o pai,
brindando ao seu regresso

Com vitelos se compram pensamentos
e se saciam solidões
e fomes

O OUTRO FILHO (IRMÃO DO PRÓDIGO)

"O vitelo mais gordo"
disse o pai
Mas era para o outro
que falava

E ele interrogou-se confundido,
o coração pesado de negócios,
esquecido de viagens e sonhos
por fazer

Deve ser coisa estranha
a lealdade,
como difícil o ofício
de amar

Perdida a juventude
entre contas e servos,
entre terras vedadas e cega obediência
que lhe restava

senão juntar-se à festa
e comer do vitelo
e fingir alegria
em pródigos sorrisos?

O QUE NÃO HÁ NUM NOME

Sentada a esta mesa, a varanda à direita,
como de costume,
penso na minha filha e no nome que lhe demos,
eu e o seu pai, quando ela nasceu

Um nome é coisa de fala e de palavra,
tão espesso como aquelas folhas que, se pudessem olhar,
me haviam de contemplar daquele vaso,
perguntando-me por que se chamam assim

Porém, não fui eu quem escolheu o nome da flor
a que pertencem essas folhas:
o nome já lá estava, alguém pensou nele
muito antes de mim, e foi decerto a partir do latim,
só depois: o costume

Mas não há nada de natural num nome:
como uma roupa, um hábito, normalmente para a vida inteira,
ele nada mais faz do que cobrir
a nudez em que nascemos

Com a minha filha,
o mais belo de tudo, a maior deflagração
de amor — foi olhar os seus olhos,
sentir-lhe o toque em estame
dos dedos muito finos

esses: sem nome ainda,
mas de uma incontrolável
perfeição   inteira

DIFERENÇAS (OU OS PEQUENOS BRILHOS)

Quando eu morrer, a diferença já não:
o próximo fulgir de estrela: igual,
na panela fervente: o vegetal
à mesma temperatura. Quando eu morrer,
a minha rua será a mesma rua,
a luz do candeeiro: luz igual.
Os meus livros terão as mesmas cores,
as mesmas letras, os mesmos sinais,
tal como na cozinha os pontos cardeais
serão os mesmos onde quer que eu for:
aqui, botão do gás, ali os pratos
a flores discretas, recém-arrumados,
e do lado direito (simbólico o seu estado),
máquina de lavar. Quando eu partir,
as coisas ficarão como devem ficar.

Perder-se-á, é certo, da cozinha
o seu nível onírico e de inspiração:
nunca mais o fogão a dizer versos,
nunca mais o fogão: sem ser, sendo, fogão.
Para além disso, as rendas serão rendas,
as gavetas, gavetas. E, como é óbvio,
as janelas: janelas de entrar luz.
E o incêndio que vi nesta parede
(Tróia onde mil Cassandra a convidar)
ceder-se-á ao sítio onde o sonhei e pus.
Ou seja: no papel. Que ficará.
Que, como livro: anel interestelar,
como cebola à espera de um luar
que outros olhos não veem. Mas seduz.

Quando eu partir, a diferença já não.
Só um fulgir de som? Só zunido de abelha
sobre flor? Minúsculo cavalo na parede
em ínfimo esplendor?

DAS IMPOSSÍVEIS SEMELHANÇAS

É quando a morte se instala
à nossa volta entre os que mais amamos:
os que nos foram vida, os nossos,
os amigos

— e de repente, também os que seguimos
desde jovens e só reconhecemos por jornais,
e tornaram o mundo
um lugar mais ameno
como o mundo poderia realmente ser

Ouvi pela primeira vez *Take this Waltz*
na mesma altura em que escrevi um poema
com cavalos de pedra e uma fotografia
que tirei a seu lado, não de Leonard Cohen,
mas de alguém por quem me apaixonei, e tão eficazmente
como acontece a um míssil
de precisão absoluta

Ainda vive (e bem), mas é como
se tivesse quase desaparecido,
uma fotografia antiga levemente a esbater-se,
desmanchando-se em cinza com a luz do sol,
o que é muito parecido
com morrer

(Mas, por muito que eu tente imaginar
que é semelhante,
de fato não é a mesma coisa. Não,
não é a mesma coisa)

OU, POR OUTRAS PALAVRAS
(8 POEMAS)

BIFRONTE CONDIÇÃO

Luxo de ter olhar, de ver desta janela,
elegante e atento, aquele gato matizado
a branco e a canela, luxo de um prato
doce e confortante, luxo do tempo a desdobrar-
-se, e de sentir calor junto a janeiro,
e a cada movimento

Do outro lado, ao fundo da janela,
o lixo examinado atentamente por homem rente ao frio,
tudo a tornar-se frio dentro das coisas,
os movimentos crispados e cinzentos,
de como é curto o tempo, ou de como
as palavras encurtam
o dizer

O luxo de estar quente:
um luxo absurdo, mas luxo verdadeiro
ao lado do janeiro: o mês bifronte,
feito de duas faces, como nós,
desatentos, fingidos, incultos habitantes
deste planeta que,

visto de um outro lado, se ele houver,
por olhos outros, se eles existirem,
há de parecer assim: bifronte:
de um lado, a mansidão de amar e proteger,
na outra face, a outra condição de olhar sem ver,
por isso sem indulto, nem cósmica razão
que nos redima

A MULHER DE LOT

Que farias comigo,
se houvesses tido coragem de parar?

Não eu como era dantes:
me deitava contigo
mesmo não tendo nome, só o teu,
te dava filhas, te cozia o pão?

Que farias comigo,
não eu como antes era,
mas eu agora
em estátua transformada?

Quantas libras de sal,
um bem precioso,
poderias agora possuir,
se coragem então tivesses tido?

Tantos alqueires
carregados de frutos e sementes,
bezerros de verdade, talvez até quem sabe
pedaço cobiçado da terra prometida
essa que tu sonhavas
depois de adormeceres?

Mas eu fiquei ali,
olhando para sempre uma cidade
ausente,
inominada eu,
e nem a chuva em fogo que do céu tombou
me transformou em água
redentora

Nem tu ficaste rico
do meu corpo

Só te deitaste depois com o meu corpo,
ao teres as minhas filhas,
tuas filhas,
estendidas a teu lado sobre a esteira,
elas dando-te filhos, esses com nome
e carne nas entranhas

não sal
mas verdadeira —

O MASSACRE DOS INOCENTES

"Porquê o meu?"
e era uivo o seu grito,
um sino agudo dentro do pesadelo

Tinha-o envolto em panos coloridos,
tingidos com cuidados e dedos infinitos
antes de ele nascer,
e o sol que os embalava,
a ele, a ela,
cheirava a gume espesso

Mas ela estava acostumada ao sol,
ele é que não, tão fina a sua pele,
por isso o sustentava assim nos panos,
protegido do sol

E eles chegaram, os instrumentos
de matar nas mãos,
as emoções sem cor, enferrujadas,
que assim era preciso:
assassinar por dentro ideias como filhos
ou amor

"Porquê o meu?"
a pergunta estendeu-se, repetida, estirada como elástico
infinito, até que se partiu

Só o eco ficou, feito de sangue,
e nem aquele ainda por nascer
(entre palhas, se diz)
conseguiu responder à dor
naquele grito —

A TERRA DOS ELEITOS, OU
PARÁBOLA NA MONTANHA

Era então essa
a terra do segredo,
o espaço de ventura
prometido?

De abundância
e
de doces lugares,
em que o excesso de ser
contrariava
a existência parca
da viagem?

Era esta então a terra
da promessa,
o espaço de fortuna
dos eleitos?

Devia ser:
e líquidas fronteiras
ali foram traçadas

Feitas de leite e mel
para os eleitos

e de fel e de sangue
para os
outros

MEDITERRÂNEO

os mares de Homero deixaram
de trazer, esbeltas, as suas naves

em nome dos sem nome, continua.
por desertos de areia, desertos sem
sentido, continua. por rostos no deserto,
os dos sem nome ou rosto, continua.
ao fundo do deserto, diz-se gotas de
sangue e grãos de areia, a esfinge
no deserto, continua. no verdadeiro
nome do espesso fluido que se diz
vital, em toneladas certas, continua.

os divinos moinhos moendo devagar
fina farinha, inúteis mares de pó

ALEPPO, CALAIS, LESBOS,
OU, POR OUTRAS PALAVRAS,

quero falar do que antes eram ruas, avenidas
bordadas a casas e palmeiras, dos tapetes que outrora,
em imaginação nossa, voavam de magia
e que agora se esfumam de outras formas,
as mais rasas

Ou do tempo da poesia antes, quando os barcos
entravam, esguios, e a palavra se fazia
a nitidez de imagem, da violência depois e deste tempo,
porta de entrada em rudes barcas para a violência
em séculos agora

Ou ainda dos carreiros de gente
a parecerem oceanos a lentes de distância, grandes planos,
mas que, partida a gente em gente singular, sobra em nomes
inteiros, gostos próprios, distintos sofrimentos, músculos
de sorrir diferentes todos,
                              ah, se a amplíssima lente
se transformasse, estreita, em microscópio de vida

Do que vejo de longe e num écran,
quero falar não usando redondilha,
versos redondos, uma sintaxe igual e certa

quero estas linhas em que falo das outras linhas
feitas de outra matéria, real e dura, explodida, essa,
detida por coletes e armas cor de fumo,
e, ao lado dos oceanos de gente,
os sedimentos que vivem noutras gentes,
as vizinhas a mim, o ódio construído lentamente
a rasar a abominação

Do que chega em olhar, das camadas de séculos em que tudo
parece mercadoria fácil de esquecer,
ou então que o desterro nos ficou raso aos genes
e só ele é lembrado, e ele sozinho serve para insistir o horror,
de tudo isso não há forma de verso que me chegue
porque nada chega de conforto ou paz

Mas que o furor persista,
e que neste recanto ao canto desta Europa,
mesmo sem vergonha de estar quente e longe,
e protegida sob uma lente amplíssima
que só deixa passar, finíssimas, meia dúzia de imagens:
ou, por outras palavras, a cegueira —

mesmo sem palavras: o furor —

PRECE NO MEDITERRÂNEO

Em vez de peixes, Senhor,
dai-nos a paz,
um mar que seja de ondas inocentes,
e, chegados à areia,
gente que veja com coração de ver,
vozes que nos aceitem

É tão dura a viagem
e até a espuma fere e ferve,
e, de tão alta, cega
durante a travessia

Fazei, Senhor, com que não haja
mortos desta vez,
que as rochas sejam longe,
que o vento se aquiete
e a vossa paz enfim
se multiplique

Mas depois da jangada,
da guerra, do cansaço,
depois dos braços abertos e sonoros,
sabia bem, Senhor,

um pão macio,
e um peixe, pode ser,
do mar

que é também nosso

DAS MAIS PURAS MEMÓRIAS:
OU DE LUMES

Ontem à noite e antes de dormir,
a mais pura alegria

de um céu

no meio do sono a escorregar, solene
a emoção   e a mais pura alegria
de um dia entre criança e quase grande

e era na aldeia,
acordar às seis e meia da manhã,
os olhos nas portadas de madeira, o som
que elas faziam ao abrir, as portadas
num quarto que não era o meu, o cheiro
ausente em nome

mas era um cheiro
entre o mais fresco e a luz
a começar   era o calor do verão,
a mais pura alegria

um céu tão cor de sangue
que ainda hoje, ainda ontem antes de dormir,
as lágrimas me chegam como então, e de repente,
o sol como um incêndio largo
e o cheiro   as cores

Mas era estar ali, de pé, e jovem,
e a morte era tão longe,
e não havia mortos nem o seu desfile,
só os vivos, os risos, o cheiro
a luz

era a vida, e o poder de escolher,
ou assim o parecia:

a cama e as cascatas frescas dos lençóis
macios como estrangeiros chegando a país novo,
ou as portadas   abertas de madeira
e o incêndio   do céu

Foi isto ontem à noite,
este esplendor no escuro e antes de dormir

....

Hoje, os jornais nesta manhã sem sol
falam de coisas tão brutais
e tão acesas, como povos sem nome, sem luz
a amanhecer-lhes cor e tempos,
de mortos não por vidas que passaram,
mas por vidas cortadas   a violência de ser
em cima desta terra   sobre outros mortos
mal lembrados ou nem sequer lembrados

E eu penso onde ela está, onde ela cabe,
essa pura alegria recordada
que me tomou o corredor do sono,
se deitou a meu lado ontem à noite

tomada novamente   tornada movimento,
mercadoria bela para cesta de vime   muito belo,
como belo era o céu daquele dia

Onde cabe a alegria recordada
em frente do incêndio que vi   ontem de noite?
onde as cores da alegria?   o seu corte tão nítido
como se fosse alimentado a átomo
explodindo

como fazer de tempo? como fingir o tempo?

……...

E todavia   os tempos   coabitam
E o mesmo corredor dá-lhes espaço
e lume

POSFÁCIO

CARTOGRAFIA DE SENSAÇÕES

Fernando Paixão[1]

---

[1] Escritor e professor de literatura no Instituto de Estudos Brasileiros, da Universidade de São Paulo.

Lumes se oferece com uma escrita dedicada a cultivar os pequenos fogos. Aqueles que aparecem sem aviso antecipado, encontrados acesos no espaço doméstico, na rua e nos livros; surgem na dureza de uma castanha, no peixe queimando na grelha ou na lembrança do céu que ardeu um dia na infância. A cada poema, mobiliza-se a atenção para jogar luz a um detalhe, situação ou ideia que devolvam toda a luminosidade à poeta que pensa e sente.

Sim, porque esta é também uma poesia de linhagem pessoana, quando associa o modo de pensar ao sentimento, porém sem o jugo do coração: "eu simplesmente sinto/ com a imaginação", resumiu o autor de *Mensagem*. Assim entendido, neste livro o ato de imaginar abdica de explorar as alturas diáfanas e estrambóticas para se colocar junto às Coisas e aos Lugares comuns — títulos das duas primeiras partes —, como oásis em que a experiência subjetiva encontra eco e alteridade.

É por isso que a estátua de dois cavalos na praça, desprovidos de revolta e submetidos aos arreios dos donos, acabam por representar "a mais perfeita/ das colonizações". E o pequeno mosquito assassinado, feito "um rasto/ em resto de magia", ganha sobrevida em uma substância futura que "alimenta tíbia de poeta" e "o rosto que se amou". Em face da matéria do mundo, surpreendida por luminosidades, a autora modula o seu juízo e partilha a compaixão.

Ana Luísa Amaral está longe de ser uma escritora ingênua ou literal. Ao contrário. Mobiliza uma imaginação carregada de leituras e afinidades poéticas — cultivadas no ofício de professora de literatura, ensaísta e tradutora de Shakespeare e Emily Dickinson —, mas ao mesmo tempo sabe que o gesto lírico moderno se quer sóbrio e autocrítico, sem deslizar pelo entusiasmo retórico. Antes, almeja "um poema de respiração tensa/ e sem pudor", que seja capaz de promover "uma contrarreforma do silêncio". Deixar falar o calado.

Pois o que está em jogo aqui é a busca de uma palavra que aspira e respira a dimensão do desconhecido. Para tanto, a autora não se furta a "expor-se, entregar-se e recolher-se", sem receio de "captar o lirismo em conjunções pouco ou nada líricas", nos dizeres de Vinicius Dantas.[1] De fato, são diversas as dicções encontradas nas páginas deste livro — da informalidade ao acalento das rimas, da confissão pessoal às especulações sobre o espaço, da metalinguagem ao choro comovido —, mas com um alto poder de invenção e surpresa, conseguindo renovar o frescor das palavras e atualizar a comunhão com o leitor.

Deparamos então com um sujeito lírico que, longe de pronunciar certezas, compartilha conosco as dubiedades e comoções; seja ao defrontar-se com uma cebola ou uma ostra, observadas sob o signo do enigma, ou ao conjecturar sobre as ondas gravitacionais. Em ambas as perspectivas, o movimento poético intenta cravar uma percepção direta, confidencial, como que a evidenciar um

---

[1] DANTAS, Vinicius. Palavra sobre *Vozes*. In: AMARAL, Ana Luísa. *Vozes*. São Paulo, Iluminuras, p. 99.

movimento de vivência em ato. Ato com dimensão política, portanto. Ao mesmo tempo, sabendo-se cuidadosa com o cristal das palavras, a autora também desconfia da própria expressão e com alguma frequência resvala na metalinguagem.

Não é por outra razão que Eduardo Lourenço a qualificou como "mestra da desconstrução poética, se por isso se entender que é alguém consciente do jogo e da ilusão da realidade de cuja glosa é tecida a teia da modernidade".[2] Se, por um lado, ela deseja "um poema feito de excessos e dourados,/ e todavia muito belo na pujança obscura/ e mística", por outro, almeja dizer de outra maneira, alcançar outras camadas da sensibilidade: "incômodo estatuto/preciso de escrever-te do avesso/ para te amar em excesso".

Não será exagero, portanto, considerar estes lumes como uma verdadeira cartografia de sensações. As faíscas podem ser acionadas por um objeto, um fato passado ou coisa qualquer, para depois incendiarem uma compreensão que repercute necessariamente o tempo e o lugar da poeta. Dessa maneira, os poemas funcionam como ilhas de atenção e de meditação. E somos conduzidos em suas veredas por um aedo intenso, atento aos dilemas da representação, que nos envolve num tal jogo de aproximação e distância a ponto de criar um modo próprio de *sensacionismo*.

Resulta daí o andamento sincopado e dubitativo de muitos versos, de modo a representar a inquietação subjetiva diante dos estímulos. Contribui ainda o ritmo de naturalidade, por vezes chegando ao informal, que induz a cumplicidade com o leitor. Assim, o texto ganha dobras ao pensar o que sente — alongando muitas vezes a frase em várias linhas —, mas também reage por sentimento ao domínio da razão. Entre uma dimensão e outra, é tecido o poema; configura-se então um rosto, persona vivente que nos apresenta a sua cartografia sensível.

[2] LOURENÇO, Eduardo. Obscura luz. In: AMARAL. Ana Luísa. *Escuro*. São Paulo: Iluminuras, 2015, p. 69.

Gaston Bachelard, ao meditar sobre a simbologia de uma vela, ressalta o alto poder que ela exerce no quarto do sonhador. Segundo ele, o devaneio verticalizante é a mais liberadora das fantasias e complementa: "as imagens da verticalidade fazem-nos entrar no reino dos valores. Comungar por meio da imaginação com a verticalidade é receber o benefício de forças ascensionais, é participar do fogo escondido que habita as formas".[3]

Pois bem, entendo que essa imagem serve como uma luva para definir a poética de Ana Luísa Amaral. Basta lembrar como o percurso dos seus versos proporcionam uma leitura acalorada e realizam um giro para o alto, ascensional, capaz de produzir um entendimento em outro plano: "o lume que as sustenta/ a estas vozes/ é mais de dentro, e eu não o sei dizer// Pressinto-o só". São pressentimentos que unem o sentir ao pensar e, por isso, ao folhearmos as páginas deste livro, cada poema se apresenta como uma chama de vela.

---

[3] BACHELARD, Gaston. *A chama de uma vela*. Rio de janeiro: Bertrand, 1989, p. 60.

SOBRE A AUTORA

Ana Luísa Amaral é autora de mais de três dezenas de livros, entre poesia, (como *Minha Senhora de Quê*, 1990, *Coisas de partir*, 1993, *Às vezes o paraíso*, 1998, *Imagens*, 2000, *Imagias*, 2002, *A gênese do amor*, 2005, *Entre dois rios e outras noites*, 2007, *Inversos, Poesia 1990-2010*, 2010, ou *Vozes*, 2011), teatro, (*Próspero morreu*, 2011), infantis, (como *Gaspar, o dedo diferente*, 1998, *A história da aranha Leopoldina*, 2011, *A tempestade*, 2012, ou *Como tu*, 2013), de ficção, *Ara* (Sextante, 2013). Traduziu a poesia de diferentes autores como John Updike, Emily Dickinson, William Shakespeare ou Louise Gluck.

Em torno dos seus livros de poesia, de teatro e infantis foram levados à cena leituras encenadas e peças de teatro (como *O olhar diagonal das coisas*, Assédio, 2008, *A história da Aranha Leopoldina*, Teatro do Campo Alegre, 2009, *Próspero morreu*, Biblioteca Almeida Garrett, 2010, *Amor aos pedaços*, Teatro do Campo Alegre, 2013, *A minha filha partiu uma tigela*, Teatro São Luiz, 2020) e textos seus foram adaptados pela televisão (como *A história da aranha Leopoldina*, RTP2, 2008; *Lenga-lenga de Lena, a hiena*, RTP2, 2018, ou *O caracol que queria ser livre*, RTP2, 2019).

As suas obras mais recentes são *Arder a palavra e outros incêndios* (ensaio, Relógio D'Água, 2017) ou *Ágora* (poesia, Assírio

& Alvim, 2019). Os seus livros estão editados e traduzidos em vários países, como Inglaterra, Estados Unidos, Espanha, Brasil, França, Suécia, Holanda, Venezuela, Itália, Colômbia, México, Eslovénia, ou Alemanha.

Os seus mais recentes livros no estrangeiro são *Oscuro* (trad. Blanca Luz Pulido (Mexico, 2017), *What's in a Name* (trad. Livia Apa), Milano, Croccetti Editori, 2019, *What's in a Name* (trad. Margaret Jull Costa), New York, New Directions, 2019, ou *Was ist ein Name* (trad. Michael Kegler & Piero Salae, Munchen, Hanser Verlag, 2021)

Em 2021, sairá em Inglaterra um livro de ensaios reunidos sobre a sua obra, com o título *The Most Perfect Excess: The Works of Ana Luísa Amaral* (org. Claire Williams).

Dirige atualmente um programa de rádio sobre poesia, na Antena 2, com Luís Caetano, intitulado *O som que os versos fazem ao abrir*.

Obteve diversas distinções, como a Medalha de Ouro da Câmara de Matosinhos e a Medalha de Ouro da Câmara do Porto, por serviços à Literatura, ou a Medaille de la Ville de Paris, e diversos prêmios, entre os quais o Prêmio Literário Correntes d'Escritas, o Prêmio de poesia Giuseppe Acerbi, o Grande prêmio de poesia da Associação Portuguesa de Escritores, o Prêmio António Gedeão, o Prêmio Internazionale Fondazione Roma, Ritratti di poesia, o Prêmio PEN, de ficção ou o Prêmio de ensaio da Associação Portuguesa de Críticos Literários, o Prêmio Leteo (Espanha), o Prêmio de melhor livro do ano dos livreiros de Madrid, ou o Prêmio Vergílio Ferreira.

Foi Professora Associada da Faculdade de Letras do Porto, é membro da direção do Instituto de literatura comparada Margarida Losa, no âmbito do qual coordenou o grupo Intersexualidades. Tem um doutoramento sobre Emily Dickinson. As suas áreas de pesquisa são os estudos feministas, os estudos de gênero, as poéticas comparadas e os estudos *Queer*. Coordenadora de projetos internacionais financiados pela FCT, como *Novas cartas portuguesas três décadas depois*, que resultou na edição anotada de *Novas cartas portuguesas* (Dom Quixote, 2010) ou *Novas cartas portuguesas 40 anos depois*, que envolveu dez equipes internacionais e cerca de sessenta investigadores. É autora, com Ana Gabriela Macedo, do *Dicionário de crítica feminista* (Afrontamento, 2005) e organizou livros de ensaios como *Novas Cartas portuguesas entre Portugal e o mundo* (com Marinela Freitas, Dom Quixote, 2014) ou *New Portuguese Letters to the World* (with Marinela Freitas, Peter Lang, 2015). Organizou ainda várias antologias de poesia, como *Do corpo, outras habitações: Identidades e desejos outros em alguma poesia portuguesa* (com Marinela Freitas, Assirio & Alvim, 2018).

LIVROS

POESIA

Minha senhora de quê, Fora do Texto, 1990 (reed. Quetzal, 1999);
Coisas de partir, Fora do Texto, 1993 (reed. Gótica, 2001);
Epopeias, Fora do Texto, 1994;
E muitos Os caminhos, Poetas de Letras, 1995;
Às vezes o paraíso, Quetzal, 1998 (reed. 2000);
Imagens, Campo das Letras, 2000;
Imagias, Gótica, 2002;
A arte de ser tigre, Gótica, 2003;
A gênese do amor, Campo das Letras, 2005;
Poesia reunida (1990-2005), Quási, 2005;
Entre dois rios e outras noites, Campo das Letras, 2007;
Se fosse um intervalo, Dom Quixote, 2009;
Inversos, poesia 1990-2010, Dom Quixote, 2010;
Vozes, Dom Quixote, 2011;
Escuro, Assírio & Alvim, 2014;
E todavia, Assírio & Alvim, 2015;
What's in a Name, Assírio & Alvim, 2017;
Ágora, Assírio & Alvim, 2019;
Mundo, Assírio & Alvim, 2021 (no prelo)

TEATRO/POESIA

Próspero morreu, Caminho, 2011.

FICÇÃO

Ara, Sextante, 2013.

LITERATURA INFANTIL

Gaspar, o dedo diferente e outras histórias, Campo das Letras, 1999;
A História da Aranha Leopoldina, Campo das Letras, 2000 (ed. com áudiolivro, Civilização, 2010;
A relíquia, a partir do romance de Eça de Queirós, Quasi, 2008;
Auto de Mofina Mendes, a partir da peça de Gil Vicente, Quasi, 2008;
Gaspar, o dedo diferente, ed. revista, Civilização, 2011;
A tempestade, Quidnovi 2011;
Como tu, Quidnovi, 2012, ed. ZeroaOito, 2019.
Lenga-lenga de Lena, a hiena, Lisboa, ZeroaOito, 2019;
Como tu, Quidnovi, ZeroaOito, com música de António Pinho Vargas, 2020.

ENSAIOS

Arder a palavra e outros Incêndios, Lisboa, Relógio D'Água, 2017.

TRADUÇÕES (PARA O PORTUGUÊS)

Eunice de Souza: poemas escolhidos, Cotovia, 2001;

Ponto último e outros poemas (poesia de John Updike), Porto, Civilização, 2009;

Emily Dickinson, Cem poemas, com posfácio e anexos, Lisboa, Relógio D'Água, 2010;

Emily Dickinson, Duzentos poemas, com prefácio e anexos, Lisboa, Relógio D'Água, 2014;

O preço do sal, de Patricia Highsmith, Lisboa, Relógio D'Água, 2015;

31 sonetos de Shakespeare, Lisboa, Relógio D'Água, 2016;

Iris selvagem, de Louise Gluck, Lisboa, Relógio D'Água, 2020;

Vita nova, de Louise Gluck, Lisboa, Relógio D'Água, 2021;

Políticas de poder, poemas de Margaret Atwood, Lisboa, Relógio D'Água, 2021 (no prelo);

Herbário, poemas de Emily Dickinson, Lisboa, Relógio D'Água, 2021 (no prelo);

O Triunfo de Aquiles e outros poemas Lisboa, Relógio D'Água, 2021 (no prelo).

TRADUÇÕES (PARA O INGLÊS)

Mar meu/My Sea of Timor (poemas/poems de/by Xanana Gusmão), co-transl. Kristy Sword, Granito, 1998.

Seven Songs of Decline and Other Poems (poems by Mário de Sá Carneiro), co--trad. trad. Margaret Jull Costa, London, Francis Boutle Publishers, 2020.

PRÊMIOS E HONRARIAS (SELEÇÃO)

2007 Prêmio Correntes d'Escritas/Casino da Póvoa (com o livro *A génese do amor)*

2008 Prêmio Giuseppe Acerbi, Mantua (Itália - com o livro *A génese do amor)*

2008 Grande Prêmio da Associação Portuguesa de Escritores (com o livro *Entre dois rios e outras noites)*

2012 Prêmio de poesia António Gedeão, 1ª edição (com o livro *Vozes*);

2014 Prêmio PEN de Narrativa, do PEN (com o romance *Ara*)

2018 Prêmio de Obra da Fondazione Terzo Pillastro – Ritratti di Poesia (Itália - prêmio de obra)

2019 Prêmio da Associação Portuguesa de Críticos Literários

2020 Prêmio Literário Guerra Junqueiro (prêmio de obra)

2020 Prêmio Leteo (Espanha – prêmio de obra)

2020 Prêmio Livro do Ano - Associacion de las Librerias de Madrid (Espanha, com o livro *What's in a Name*)

2020 Prêmio Vergílio Ferreira

2021 Prêmio Reina Sofia de Poesia Iberoamericana

2000 Medalha da Ville de Paris

2015 Medalha de Ouro da Câmara Municipal de Matosinhos, por serviços à literatura

2016 Medalha de Ouro da Câmara Municipal do Porto, por serviços à literatura

PUBLICAÇÃO DE LIVROS SEUS NO ESTRANGEIRO

Reino Unido

The Art of Being a Tiger : Poems by Ana Luísa Amaral, transl. Margaret Jull Costa, int. Paulo de Medeiros, Oxbow University Press, 2016.

Estados Unidos da América

The Art of Being a Tiger : Selected Poems, transl. Margaret Jull Costa, int. Anna Klobucka, Dartmouth : Tagus Press, 2018 ;
What's in a Name, transl. Margaret Jull Costa, New York, New Directions, 2019.

França

Images, trad. Catherine Dumas, Vallongues Éditions, 2000;
L'Art d'être tigre, trad. Catherine Dumas, Phare du Cousseix, 2015.

Itália

Poesie, Trad. Livia Apa, Poesie, XVª Edizione – Portogallo, Lisbona, Instituto Camões, 2008;
La Genesi dell'Amore, trad. Piero Ceccucci, *Fiorenza mia…!:*, Florença, Firenze University Press, 2009;
La Scala di Giacobbe: Poesia di Ana Luísa Amaral, trad. Livia Apa, Milão, Manni Editori, 2010;
Voce, trad. Chiara DiLucca, Roma, Kolibris, 2018;
What's in a Name, transl. Livia Apa, Milano, Crocetti Editore, 2019.

Brasil

A gênese do amor, Rio de Janeiro, Gryphus, 2008;
Vozes, ed. Iluminuras, São Paulo, 2013;
Escuro, ed. Iluminuras, São Paulo, 2015.
Ara, ed. Iluminuras, São Paulo, 2016;
Lumes, Iluminuras, São Paulo, 2021.

Espanha

Oscuro, trad. e int. Luis Maria Marino, Olifante Ediciones, 2016;
What's in a Name, Madrid, Sexto Piso, 2020.

Suécia

Mellan tva floder och andra natter, trad. Ulla Gabrielson, Gotemburgo, Diadorim, 2009.
Mitt Klärobskyra, En Antologi Poesi av Ana Luísa Amaral, trad. trad. Ulla Gabrielson, Gotemburgo, Diadorim, 2021 (no prelo)

Holanda

Wachten op Odysseus: Gedichten 1990-2011, trad. Arie Pos, uitgeverij IJZER, 2011.

VENEZUELA

Ana Luisa Amaral, Antología Poética, trad. Nidia Hernandez, Caracas, Monte Ávila Editores, 2012.

COLÔMBIA

Entre otras noches, Antologia Poética, trad. Lauren Mendinueta, Bogotá, Rocca Ediciones, 2013;
Como tu, Bogotá, Rocca Ediciones, 2014
Que hay en un nombre, trad. Pedro Rapoula, Bogotá, Puro Pássaro, 2020

MEXICO

Oscuro, trad. Blanca Luz Pulido, Minerva, UANL, 2017

ALEMANHA

Was ist ein Name, trad. Michael Kegler & Piero Salabe, Munchen, Hanser Verlag, 2021.

ESLOVÉNIA

What's in a Name, Trad, Barbara Juršič, Lubiana, Beletrina, 2021.

CADASTRO
ILUMI//URAS

Para receber informações
sobre nossos lançamentos e
promoções envie e-mail para:

cadastro@iluminuras.com.br

Este livro foi composto em *Minion* pela *Iluminuras* e terminou
de ser impresso nas oficinas da *Meta Brasil gráfica*, em São
Paulo, SP, em papel off-white 80 gramas.